Vinho do Porto é tudo igual?

Editora Appris Ltda.
1.ª Edição - Copyright© 2021 dos autores
Direitos de Edição Reservados à Editora Appris Ltda.

Catalogação na Fonte
Elaborado por: Josefina A. S. Guedes
Bibliotecária CRB 9/870

S294v
2021
	Schaefer, Cecília Ogliari
	   Vinho do Porto é tudo igual? / Cecília Ogliari Schaefer.
	   1. ed. - São Paulo : Appris, 2021.
	    93 p. ; 16 cm.
	
	    Inclui bibliografia.
	    ISBN 978-65-250-0686-4
	
	   1. Vinho – Porto - Portugal. I. Título. II. Título.
	
	                          CDD – 641.22

Appris editora

Editora e Livraria Appris Ltda.
Av. Manoel Ribas, 2265 – Mercês
Curitiba/PR – CEP: 80810-002
Tel. (41) 3156 - 4731
www.editoraappris.com.br

Printed in Brazil
Impresso no Brasil

FICHA TÉCNICA

EDITORIAL	Augusto V. de A. Coelho
	Marli Caetano
	Sara C. de Andrade Coelho
COMITÊ EDITORIAL	Andréa Barbosa Gouveia (UFPR)
	Jacques de Lima Ferreira (UP)
	Marilda Aparecida Behrens (PUCPR)
	Ana El Achkar (UNIVERSO/RJ)
	Conrado Moreira Mendes (PUC-MG)
	Eliete Correia dos Santos (UEPB)
	Fabiano Santos (UERJ/IESP)
	Francinete Fernandes de Sousa (UEPB)
	Francisco Carlos Duarte (PUCPR)
	Francisco de Assis (Fiam-Faam, SP, Brasil)
	Juliana Reichert Assunção Tonelli (UEL)
	Maria Aparecida Barbosa (USP)
	Maria Helena Zamora (PUC-Rio)
	Maria Margarida de Andrade (Umack)
	Roque Ismael da Costa Güllich (UFFS)
	Toni Reis (UFPR)
	Valdomiro de Oliveira (UFPR)
	Valério Brusamolin (IFPR)
ASSESSORIA EDITORIAL	Cibele Bastos
REVISÃO	Jose Bernardo dos Santos Jr.
PRODUÇÃO EDITORIAL	Bruno Ferreira Nascimento
DIAGRAMAÇÃO	Daniela Baumguertner
CAPA	Daniela Baumguertner
COMUNICAÇÃO	Carlos Eduardo Pereira
	Débora Nazário
	Kananda Ferreira
	Karla Pipolo Olegário
LIVRARIAS E EVENTOS	Estevão Misael
GERÊNCIA DE FINANÇAS	Selma Maria Fernandes do Valle
COORDENADORA COMERCIAL	Silvana Vicente

Cecília Ogliari Schaefer

Vinho do Porto é tudo igual?

Dedico este livro a todas as pessoas que saem de sua zona de conforto e se permitem viver experiências extraordinárias.

Agradecimentos

Agradeço ao meu grande parceiro de vida, Henrique Schaefer, por compartilhar comigo todas as aventuras às quais me proponho e por me impulsionar e acompanhar meus voos. Lindo é quando alguém escolhe pousar ao teu lado mesmo podendo voar.

Agradeço ao Enzo Ogliari Schaefer, meu filho amado, por ter participado com paciência de todas as experiências relatadas no livro. Filho de parceiro, parceiro é. Amo você e tenho muito orgulho da pessoa que é.

Agradeço imensamente a acolhida aqui em Portugal. Terra de gente receptiva que me proporcinou grande aprendizado e muitas experiências no mundo dos vinhos portugueses.

Agradeço ao Ser superior que ilumina meus passos e cuida de mim.

Prefácio I

As montanhas esculpidas do Douro, as curvas do rio com águas que parecem um espelho e refletem a maravilhosa paisagem, um lugar cheio de encantos e com algo mágico no ar. O Vale do Douro é um daqueles destinos que você precisa ir ao menos uma vez na vida e, se possível, visitar várias vezes, com pessoas diferentes, com novas propostas, com o coração aberto e com a certeza de experiências enriquecedoras a cada visita.

Não há dúvidas de que o vinho do Porto é o vinho mais rico e com mais histórias para contar, só para termos ideia, ele foi o primeiro vinho a ser engarrafado e o Douro é a região demarcada mais antiga do mundo.

Depois de uma imersão onde nasceram os vinhos do Porto, conhecer a região e o berço de cada garrafa. A doutora Cecília é a pessoa ideal para nos contar um pouco mais sobre a história dos vinhos fortificados, que são verdadeiras relíquias históricas.

Com muita alegria, tenho o prazer de parafraseá-la e dizer que nossa relação vai certamente muito além do mundo do vinho. Faltam dedos para contar quantas garrafas, quantas histórias e quantos momentos memoráveis tivemos em meio às taças e a essa bebida. Nossa última experiência foi degustando um Vinho do Porto Vintage e a sua abertura a fogo, nas caves da mais antiga casa produtora de vinhos do Porto.

Como escritora e criadora de conteúdo, em todas as nossas viagens tentamos estimular as pessoas a fazerem um turismo com mais profundidade e consciente, trazendo a cultura local, fatos históricos, curiosidades e informações detalhadas, e com o mundo do vinho não é diferente. O vinho nos traz inúmeras histórias e milhares de detalhes que foram transformando a bebida no que vemos hoje e este livro é uma criação brilhante, um olhar sobre o "néctar do Douro".

Escrever este livro é a forma mais generosa de compartilhar o conhecimento, é dar continuidade à cultura e ao mundo do vinho, é poder proporcionar às pessoas a oportunidade e o aprendizado. Não precisamos ser experts nesse mundo, mas devemos ter o prazer de beber e saber um pouco do vinho e da sua história.

Sempre tivemos grandes mulheres no mundo dos vinhos, como Dona Adelaide Antônia Ferreira, a personalidade mais importante do Douro e Barbe-Nicole Clicquot Ponsardin. com seu império do Champanhe; Entre tantas outras mulheres incríveis, também temos Cecilia Ogliari Schaefer, disseminando e propiciando valiosos momentos de conhecimento sobre o vinho do Porto.

Como sugestão, não espere uma ocasião especial para abrir uma boa garrafa de vinho, a boa garrafa de vinho já é, por si só, a ocasião especial de que você precisa.

E sabe aquela máxima sobre os vinhos? "Quanto mais velho, melhor?" Para os vinhos do Porto, ela é totalmente verdadeira.

Julia Jasper Schaefer

Formação em Design de Moda com especialização e MBA em Gestão Empresarial, escritora e criadora de conteúdo no blog de viagens conhecendoomundo.com e no @Conhecendoomundocomjulia, colunista da Folha do Estado de Santa Catarina e da Revista Mostra Magazine, e correspondente da Trivago Magazine.

Prefácio II

Vinho é uma bebida fascinante, com milênios de história, muitas culturas representadas, agricultura aplicada, ciência vinculada e inúmeros prazeres quando desfrutada.

Quanto mais nos aprofundamos em assuntos relacionados a este, mais nos encantamos com tudo associado ao trajeto percorrido da vinha à taça.

Porém, este curso pode conduzir a um labirinto de cerimonial, protocolo e ostentação de informação que mais distancia o consumidor do que o aproxima do vinho. Encontrar caminhos que nos acercam do vinho é aptidão daqueles entusiastas que sorvem da sabedoria intrínseca que esta bebida tem.

Assim é a Cecilia Ogliari Schaefer e sua obra, *Vinho do Porto é tudo igual?*, que lança um olhar esmerado sobre o vinho do Porto e uma afetuosa mirada no vinho Madeira, e nos leva a viajar com ela para conhecer sobre estes ícones de Portugal.

A autora apresenta, de uma forma acessível, vinhos que têm na sua essência a complexidade.

Com sua abordagem sobre estes fortificados, descomplica a relação entre vinho e apreciador e nos brinda com conhecimento.

Tim tim!

Marcia Amaral
Sommèliere Internacional
Docente no Curso de Gastronomia da
Faculdade Estácio de Florianópolis—SC.

Sumário

Introdução

Este livro é um manual básico sobre o vinho do Porto e o vinho Madeira baseado, em sua maior parte, em experiências vividas pela autora no período que morou na cidade do Porto, Portugal.

O livro possui dois objetivos, sendo o primeiro deles a difusão da informação sobre vinho do Porto, ainda pouco conhecido em muitos países. O segundo objetivo é apresentar que vinho do Porto vai muito além dos dois tipos mais conhecidos, que são os Tawnys e Rubys. Assim, com informação, pode-se descomplicar o vinho e ampliar de forma consciente seu consumo.

O vinho do Porto é a alma da cidade e eu não poderia deixar de prestar essa homenagem à "terrinha" que tão bem me recepcionou.

A autora

Cecília Ogliari Schaefer

Mulher que ama a independência. Mãe dedicada. Esposa companheira. Eterna estudante sobre assuntos diversos. Viajante ávida por descobrir o mundo. Enófila. Entusiasta no mundo do vinho. Graduada em Engenharia Civil pela Unochapecó. Doutora e mestre em Construção Civil pela Universidade Federal de Santa Catarina (UFSC). Pós-doutora em Tecnologias Construtivas pela Faculdade de Engenharia da Univesidade do Porto (FEUP), Portugal. Docente do curso de Arquitetura e Urbanismo da Universidade do Vale do Itajaí (Univali) e engenheira civil do Tribunal de Justiça de Santa Catarina.

1

Vinho do Porto é tudo igual?

Vinho do Porto é o mais clássico dos vinhos fortificados.

O mais famoso vinho fortificado português do mundo.

O que é?

O vinho do Porto é um vinho fortificado produzido na Região Demarcada do Douro.

Na produção do vinho do Porto a aguardente vínica é adicionada para interromper a fermentação e preservar um pouco da doçura natural da uva no vinho, sendo esse processo conhecido por fortificação.

O teor alcoólico da aguardente vínica é de 77% em volume e deve cumprir padrões estabelecidos por lei.

Cave CROFT (acervo próprio)

IVDP (acervo próprio)

Região demarcada do Douro

Em 10 de setembro de 1756, nascia a primeira região demarcada e regulamentada do mundo para a produção de vinhos.

A iniciativa foi do Marquês de Pombal, impulsionada pela ocorrência de fraudes e o excesso de produção que comprometiam a qualidade do vinho e a sua reputação.

A medida assinalou a criação do conceito "Denominação de Origem" aplicada em muitas regiões do mundo atualmente.

Região do Douro

Situada à nordeste de Portugal, na bacia hidrográfica do Douro, rodeada de montanhas que lhe conferem características particulares, a região estende-se por área total de cerca de 250 mil hectares estando dividida em três sub regiões: Baixo Corgo, Cima Corgo e Douro Superior.

Segundo o Instituto dos Vinhos do Douro e Porto (IVDP) somente 26 mil hectares estão autorizados a produzir vinho do Porto.

Alguns construtores do Douro

- Monges de Cister: Desenvolvimento da viticultura

- D. Antônia Adelaide Ferreira: conquista do Douro superior. Ligada à Casa Ferreira.

- Marquês de Pombal: criação da primeira região demarcada e regulamentada do mundo.

- Álvaro Moreira da Fonseca: método pioneiro de classificação das parcelas de vinha.

- Barão de Forrester: primeiros levantamentos cartográficos e fotográficos do Douro. Ligado à Cockburn's.

As vinhas aptas a produzir para o vinho do Porto são selecionadas por um critério qualitativo baseado no Método da Pontuação e classificadas segundo uma escala de A a F.

Este método considera parâmetros edafo-climáticos (localização, altitude, declive, rocha-mãe, elementos grosseiros, exposição, abrigo) e culturais (rendimento, encepamento, densidade, sistema de condução e idade).

É a partir do 5º ano de plantação que as vinhas podem ser consideradas para produzir vinho do Porto.

Quinta de La Rosa (acervo próprio)

O Douro é considerado Patrimônio da Humanidade pela Unesco desde 2001.

A paisagem monumental do vale do rio Douro contempla encostas íngremes e solos pobres e acidentados, com a ação ancestral e contínua do homem é única no mundo.

Esta relação entre a atividade humana e a natureza permitiu criar um ecossistema único, onde as características peculiares do terreno são aproveitadas ao máximo, com a lapidação da paisagem em socalcos para reduzir a erosão e permitindo o cultivo da vinha.

Como é feito o vinho do Porto

Normalmente em meados de setembro as uvas são colhidas. Devido às alterações climáticas ocorridas nos últimos anos o calendário de colheita vem sendo alterado, obrigando que muitos produtores colham cedo suas uvas, principalmente em anos com temperaturas acima da média.

O vinho do Porto é feito a partir de uma ampla variedade de castas tradicionais, a maioria delas nativa da região do Douro. As castas tintas mais conhecidas incluem a Touriga Franca, a Touriga Nacional, a Tinta Roriz, a Tinta Barroca, a Tinta Amarela e a Tinto Cão.

Acima Quinta de La Rosa e abaixo Quinta de Marrocos (acervo próprio)

Pisa a pé em lagar de granito – Quinta da Pacheca
(acervo próprio)

Finalizada a colheita as uvas são transportadas para a adega onde é realizado o desengaço. Posteriormente é realizada a lagarada. Este termo refere-se ao processo de pisa a pé realizado em tanques de granito designados lagares. A época de vindima e a lagarada são motivos de festa em Portugal, sendo regadas com música e alegria. Uma época de beleza ímpar no Douro e reunião de muitos amantes do vinho.

A pisa a pé tem por finalidade esmagar as uvas e também manter as suas peles submersas sob a superfície do mosto, chamada de corte e liberdade. No corte, os pisadores pisam a uva alinhados e no mesmo ritmo; já na liberdade, como remete o nome, circulam livremente pelo lagar.

Lagar em granito – Quinta da Pacheca (acervo próprio)

Lagar em aço inoxidável com controle de temperatura –
Quinta do Bomfim (acervo próprio)

Atualmente existem outros tipos de lagares, a exemplo dos de cimento, aço inoxidável e alguns em outro tipo de pedra que não o granito. Alguns produtores possuem sistemas inovadores, tendo tanques com controle de temperatura. Além disso, já se dispõe de pisadores mecânicos, pois a mão de obra para a pisa no processo tradicional está cada dia mais escassa.

Depois de algumas horas dá-se o início da fermentação. O calor e o álcool que a fermentação produz começam a libertar a cor, os taninos e os aromas das peles.

Finalizada a pisa, as peles sobem à superfície do lagar formando uma camada espessa. O vinho então é transferido para uma cuba. Momento em que se adiciona a aguardente vínica , geralmente adicionada num teor de 20% de aguardente para 80% de vinho em fermentação. A partir da adição da aguardente vínica as leveduras responsáveis pela fermentação não conseguem sobreviver, encerrando o processo de transformação de açúcar em álcool, deixando um açúcar residual.

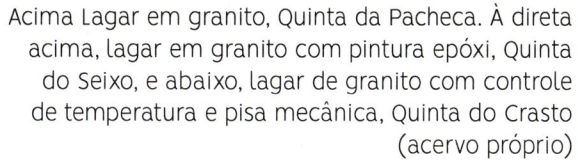

Acima Lagar em granito, Quinta da Pacheca. À direta acima, lagar em granito com pintura epóxi, Quinta do Seixo, e abaixo, lagar de granito com controle de temperatura e pisa mecânica, Quinta do Crasto (acervo próprio)

Cave Calem e, à direita, modelo de rabelo que antigamente transportava o vinho do Porto (acervo próprio)

Mas afinal, vinho do Porto é tudo igual?

O nome vinho do Porto está relacionado à cidade do Porto de onde eram exportados os vinhos desde o século XVII.

Os vinhos eram transportados em barcos rabelo desde a região do Douro vinhateiro até o Porto.

Atualmente é na cidade do Porto onde se concentram boa parte das grandes adegas produtoras deste vinho.

Não são todos iguais, mas possuem como características:

VINHO DO PORTO É SEMPRE UM BLEND DE VÁRIAS UVAS; CONFORME O IVDP PELO MENOS 112 UVAS PODEM PRODUZIR PORTO

TEOR ALCÓOLICO ENTRE 19 E 22%

A FERMENTAÇÃO É INTERROMPIDA PELA ADIÇÃO DE AGUARDENTE VÍNICA

O vinho do Porto é um vinho de paladar adocicado, contudo isso varia segundo seu estilo e categoria. Não deixe de provar os diferentes estilos por preconceito com a doçura. Permita se surpreender.

Porto Cruz (Acervo próprio)

Estilos e categorias do vinho do Porto

 *São 4 estilos de vinho do porto: Branco, Rosé, Ruby e Tawny.*

 *O Porto branco é obtido a partir de uvas brancas, já Ruby, Tawny e Rosé são elaborados com uvas tintas.*

 *A seguir são apresentadas as 19 CATEGORIAS DO VINHO DO PORTO.*

Estilos de vinho do Porto

BRANCO	ROSÉ	RUBY	TAWNY

Categorias de vinho do Porto

BRANCO	ROSÉ	RUBY	TAWNY
EXTRA SECO	ROSÉ	RUBY	TAWNY
SECO		RUBY RESERVA	TAWNY RESERVA
MEIO SECO		RUBY CRUSTED	TAWNY 10, 20, 30, + ANOS
DOCE		LBV – LATE BOTTLED VINTAGE	TAWNY COLHEITA
MUITO DOCE – LÁGRIMA		VINTAGE	
LEVE SECO		SINGLE QUINTA VINTAGE	
10, 20 ANOS			
COLHEITA BRANCO			

Cores do vinho do Porto

BRANCO	ROSADO	COR TINTA / RUBY	CASTANHO / ALOURADO

Churchill's (acervo próprio)   Croft (acervo próprio)   Quinta do Seixo/Sandeman (acervo próprio)   Quinta do Vallado (acervo próprio)

Observação: as cores e tons dentre as categorias do vinho do Porto podem variar.

Tipos de envelhecimento

GARRAFA

Churchill's (acervo próprio)

MADEIRA

balseiro
Calem (acervo próprio)

barricas
Cockburn's (acervo próprio)

Acima
Churchill's
e à esquerda
Cockburn's
(acervo
próprio)

Tipos de envelhecimento: resultado

Madeira

 Cores mais claras

Aromas de frutas secas, café, laranja confitada, especiarias

Longo final em boca nos vinhos do Porto mais antigos

Garrafa

 Preserva melhor a cor inicial

Aromas de frutas vermelhas, figos e ameixas secas, notas florais

 Apresenta boa estrutura em boca

Instituto dos Vinhos do Douro e Porto (IVDP)

Todos os vinhos do Porto passam pelo processo de fiscalização, controle e certificação feito pelo IVDP. Um exigente processo desde a vinha até a garrafa.

Vinha

- Inspeção das vinhas
- Avaliação do potencial de produção
- Verificação dos parâmetros de classificação de parcelas

A certificação da qualidade dos vinhos da Região Demarcada do Douro é realizada desde o século XVIII

Adega

- Controle: volume declarado; práticas enológicas; instalações e equipamentos;
- Coleta de amostras

Vinho

- Controle qualitativo: laboratório e provas
- Certificação das Denominação de Origem Protegida (DOP) e Indicações Geográficas Protegidas (IGP):
- Decisão de certificação
- Decisão de aprovação do rótulo
- Atribuição do selo de garantia

Comercialização

- Amostragem aleatória em empresas e pontos de venda
- Controle de qualidade e quantidade permanentes
- Detecção e repressão a fraudes

Instituto dos vinhos do Douro e Porto (acervo próprio)

Para garantia da qualidade do vinho do Porto todas as garrafas contêm o selo do IVDP. O objetivo do selo é a criação de um processo de rastreabilidade do produto certificado. O selo é utilizado nas diversas ações de controle ao produto engarrafado e pode identificar o engarrafador no futuro.

O IVDP possui centro interpretativo, laboratório e sala de provas dos vinhos do Douro e Porto, sendo a visitação gratuita.

Selo de garantia nas garrafas de vinho do Porto (acervo próprio)

2

Vinho do Porto Ruby

Onde está a principal diferença entre os vinhos do Porto?

Os diferentes estilos de vinho do Porto derivam essencialmente da maneira como ele é envelhecido. Além, obviamente, da cor das uvas usadas em sua elaboração (tintas, brancas, rosadas).

De acordo com o tipo de envelhecimento, os vinhos do Porto podem ser divididos em: Porto envelhecido em madeira, sendo balseiro ou barrica normalmente feita de carvalho francês e americano, e Porto envelhecido em garrafa, que, como o nome indica, amadurece em garrafa. Veremos posteriormente que a maior parte das categorias dos vinhos do Porto envelhece em madeira.

Este capítulo apresenta as 6 categorias do vinho do Porto Ruby:

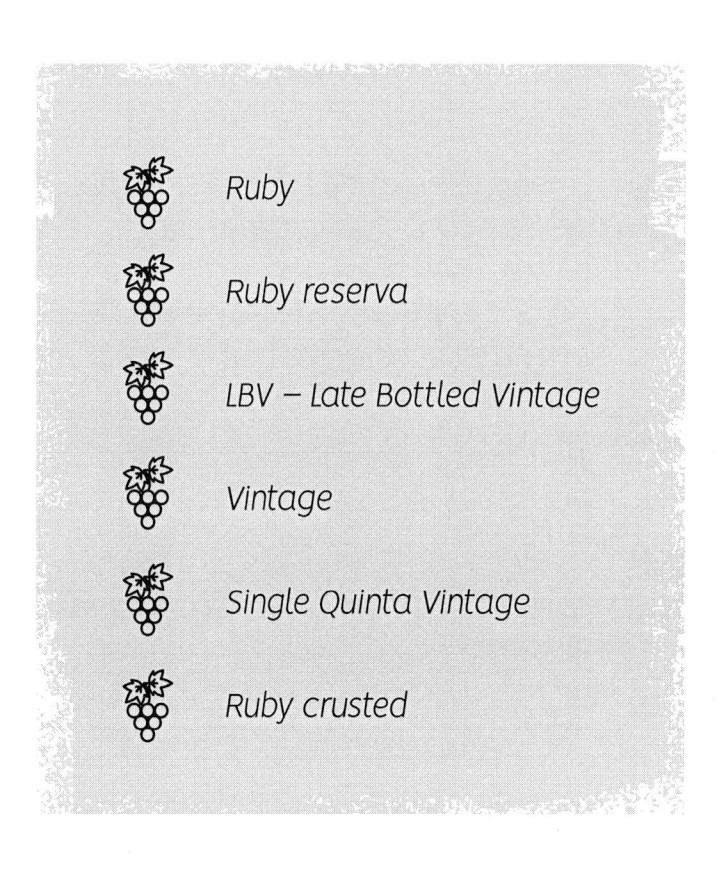

Ruby

Ruby reserva

LBV – Late Bottled Vintage

Vintage

Single Quinta Vintage

Ruby crusted

Começaremos pelo Ruby.

Ruby

 *O mais simples dos Portos, envelhece por período relativamente curto em grandes balseiros de madeira por 2 anos. Depois desse período permanece em garrafa.*

 *Tem pouca ou nenhuma oxidação.*

 *Os vinhos do Porto Ruby têm como característica cor avermelhada que lembra a pedra preciosa rubi, mais ou menos intensa, e o seu aroma repleto de frutos vermelhos.*

 *São jovens e não safrados.*

Ruby Reserva

 *Um degrau acima do Ruby, o Ruby Reserva geralmente é de maior qualidade. É uma mistura selecionada de vários vinhos de diferentes idades de envelhecimento.*

 *São ainda mais aromáticos e com aromas mais complexos.*

 *O lotes de vinho usados na produção do Reserva passam por seleção mais cuidadosa. Envelhecem por um pouco mais de tempo em madeira, cerca de 3 anos.*

Late Bottled Vintage – LBV

Vinho do Porto de boa qualidade e com boa aptidão para o envelhecimento.

Apresenta uma data de colheita e, regra geral, é obtido a partir de um lote de vinhos dessa colheita. Trata-se de um Ruby de um só ano.

O seu envelhecimento decorre em balseiros de madeira por um período de 4 a 6 anos para que a evolução oxidativa seja extremamente lenta.

A maioria desses vinhos está apta a ser consumida imediatamente após a compra, pois é filtrada. Dependendo do produtor, alguns não filtrados totalmente e ainda conseguem envelhecer em garrafa e evoluir.

Ao abrir a garrafa pode ser bebido sem decantar.

Offley (acervo próprio)

Calem e Porto Cruz (acervo próprio)

Vintage: o queridinho

Produzido em safras excepcionais, a partir de uvas dos melhores vinhedos. É safrado.

Grande complexidade e longevidade. Permanece em madeira por 2 ou 3 anos e depois envelhece em garrafa, já que não é filtrado.

Na imagem ao lado verifica-se que a safra é de 1982, mas o vinho foi engarrafado em 1984, dois anos depois.

Deve-se fazer a filtragem para o consumo do porto vintage.

Vintage

Os vinhos do Porto Vintage podem ser apreciados enquanto jovens, no entanto, aperfeiçoam-se a longo de muitas décadas. Têm potencial de envelhecer 50 anos ou mais em garrafa.

É necessária aprovação do IVDP para que um vinho ostente a classificação Vintage.

Os últimos cinco anos considerados Vintage foram 2003, 2007, 2011, 2016, 2017.

Tabela comparativa

LBV	VINTAGE
4 a 6 anos em madeira	2 anos em madeira
Envelhece em garrafa cerca de 5 anos	Pode envelhecer em garrafa por 50 anos ou mais
Obtido de uvas de uma safra específica	Produzido em safras excepcionais que ocorrem de 3 a 4 vezes por década (com exceções)
Após aberto consumir em 4 ou 5 dias	Após aberto consumir em 1 ou 2 dias

Calem (acervo próprio)

Churchills e Churchill's
(acervo próprio)

Vintage Single Quinta

Produzidos sob as mesmas normas dos Vintage, entretanto a partir de uvas provenientes de um único vinhedo (imagem à esquerda).

Ruby Crusted

Um Porto pouco comum de elevada qualidade.

Não é produzido a partir de um único ano, sendo obtido a partir de vinhos de diferentes colheitas e engarrafado após 3 a 4 anos de envelhecimento em madeira. Não é filtrado, formando um depósito natural (crosta) na garrafa, o que explica o nome Crusted (imagem à direita).

Abertura de garrafas
de Porto a fogo

Por que abrir com esse método?

Alguns Portos Vintage são muito longevos, tanto que podem viver mais que suas próprias rolhas. Para exemplificar, na imagem ao lado apresenta-se uma coleção de Vintages, sendo o mais antigo de 1861.

Se uma garrafa muito antiga for aberta com saca-rolha tradicional a rolha pode se esfarelar enchendo o precioso vinho com pedaços de rolha. Isso seria lastimável!

Abrir garrafas muito velhas, de mais de 40 anos, é uma operação mais delicada. Ao menor sinal de que a rolha está muito frouxa ou ameaçando se romper pode-se optar por usar um saca-rolhas em forma de PINÇA ou uma TENAZ. A seguir é apresentado o passo a passo do uso da tenaz.

Cockburn's (acervo Próprio)

Os principais passos da abertura com tenaz

Escolha do Vintage e aquecimento do tenaz

Após aquecida encosta-se a tenaz na garrafa até abri-la.

Filtragem do vinho e decantação antes de beber.

Pronto para consumo.

Croft (acervo próprio)

Quanto dura o Vinho do Porto após aberto?

Estimativa do Instituto dos Vinhos do Douro e Porto (IVDP)

 Vintage: de 1 a 2 dias

 Late Bottled Vintage (LBV): de 4 a 5 dias

 Ruby, Ruby Reserva e Brancos: de 8 a 10 dias

 Tawny e Tawny Reserva: de 3 a 4 semanas

 Tawny e brancos com Indicação de Idade (10, 20, 30, 40): de 1 a 4 meses

 Colheita: de 1 a 4 meses (os mais novos, menos tempo, os mais velhos, mais tempo)

3

Vinho do Porto Tawny

Categorias do Vinho do Porto

Este capítulo apresenta as quatro categorias do vinho do Porto Tawny, conforme segue:

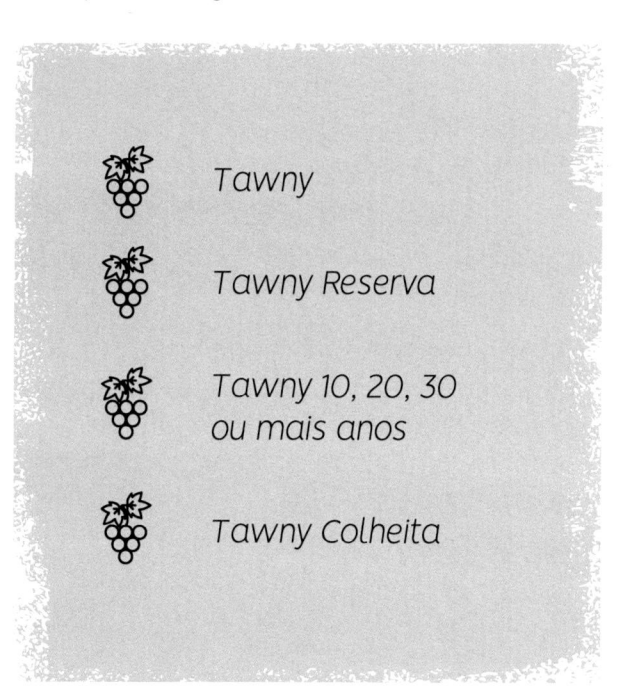

Tawny

Tawny Reserva

Tawny 10, 20, 30 ou mais anos

Tawny Colheita

Tawny

 Envelhecem em barricas ou balseiros de carvalho, apresentando uma cor mais âmbar.

 São vinhos menos encorpados e mais adocicados, quando engarrafados estão prontos para consumo.

 A seguir apresenta-se um comparativo entre os vinhos do Porto Ruby e Tawny. A principal diferença entre eles é a forma de envelhecimento.

Casa Ferreira (acervo próprio)

Croft (acervo próprio)

O Ruby, antes de ser engarrafado permanece em grandes balseiros tendo menos contato com a madeira mantendo os aromas frutados. Alguns balseiros têm capacidade de até 100 mil litros, sendo assim, proporcionalmente, têm muito líquido para pouca área de contato com a madeira e baixa oxigenação. LBV e Vintage, além do período em madeira, também podem evoluir em garrafa, como mostrado no Capítulo 2.

Já o Tawny envelhece em barricas pequenas, resultando em mais notas da madeira, alterando o perfil aromático completamente. As notas frutadas são substituídas por aromas bem específicos, conforme será visto posteriormente.

Nenhum tipo de Tawny envelhece em garrafa.

Os aromas mais presentes no Vinho do Porto são:

RUBY

- 🍷 Intenso sabor frutado
- 🍷 Frutos vermelhos: ameixa, morango, framboesa, cereja
- 🍷 Flor violeta e rosa
- 🍷 Chocolate

TAWNY

- 🍷 Mel
- 🍷 Caramelo
- 🍷 Frutos secos como nozes, macadâmia
- 🍷 Flor de laranjeira
- 🍷 Baunilha, canela

Com relação às cores dos vinhos do Porto

PORTO TAWNY: ACASTANHADA

Tawny, Tawny 10 anos, Tawny 20 anos
Graham's (acervo próprio)

PORTO RUBY: RUBI. COR VERMELHA PROFUNDA.

LBV, Crusted, Vintage
Graham's (acervo próprio)

Observação: com relação às cores elas podem variar segundo o produtor. Aqui são apresentadas as cores mais representativas.

Tawny Reserva

Tem qualidade superior ao Tawny e é obtido a partir de uma média de vinhos de 5 a 7 anos.

Sua cor depende do envelhecimento variando de um vermelho até um acastanhado.

Tawny com indicação de idade

Vinho do Porto de qualidade e com permissão de utilização da designação de idade.

As indicações de idade são: 10 anos, 20 anos, 30 anos, 40 anos de idade.

O período de estágio em madeira é variável. A idade do rótulo resulta da média aproximada de idades dos diversos vinhos que o compõem.

Apesar de o Instituto dos Vinhos do Porto avaliar algumas regras dos vinhos com menção de idade, o enólogo de cada cave define o perfil do seu vinho.

Isso permite que o consumidor identifique o seu pre-dileto dentre os produtores, encontrando sempre o mesmo perfil de vinho na garrafa adquirida.

Casa Ferreira
(acervo próprio)

Churchill´s
(acervo próprio)

Qual a diferença da média de idades?

Porto Cruz (acervo próprio)

Agrupar diferentes características orga-nolépticas (cor, aroma e sabor) a partir de vinhos de várias colheitas.

Tawny Colheita

Porto Tawny de boa qualidade e de apenas uma colheita.

Antes de ser engarrafado, passa por um estágio em madeira de, no mínimo, 7 anos.

Neste Porto geralmente são apresentadas duas datas, a primeira no rótulo é a safra, já no contrarrótulo aparece quando foi engarrafado.

 # Quando inicia a comercialização para as categorias do vinho do Porto

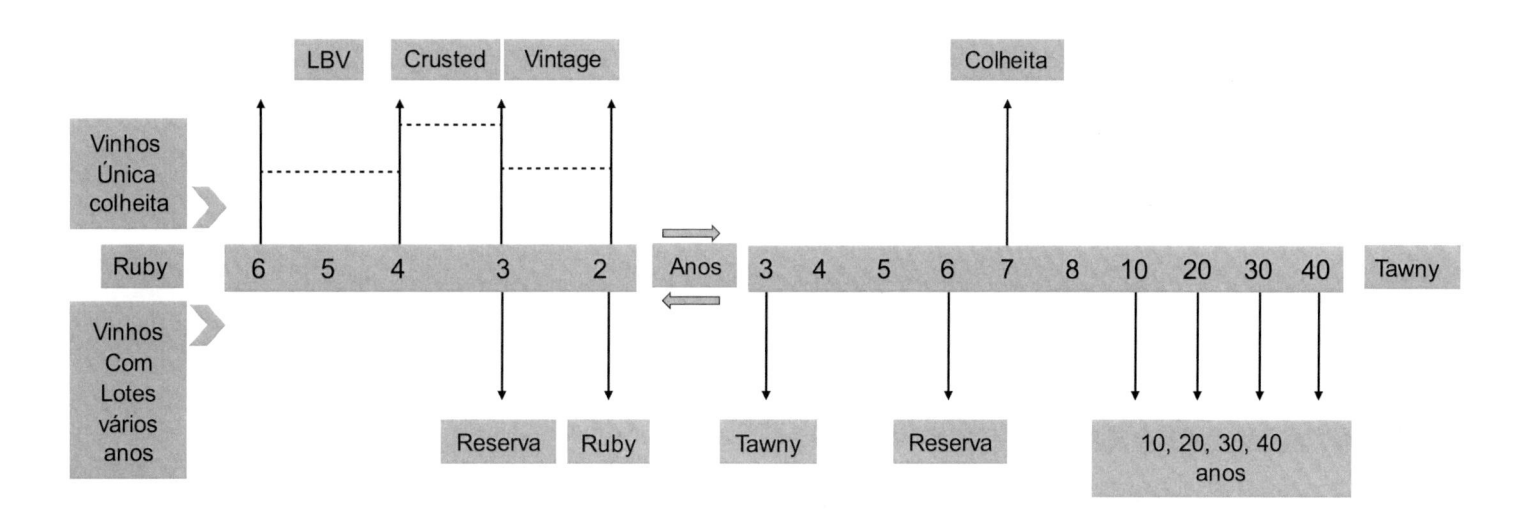

Casa Ferreira (acervo próprio)

Taça para degustar o Vinho do Porto

Para degustar qualquer vinho, e isso não poderia ser diferente com o vinho do Porto, deve-se privilegiar uma taça que realce os preciosos sabores e aromas não os abafando.

Observa-se que nos últimos anos ocorreu o desenvolvimento de taças para vinhos em diferentes formatos com o objetivo de oferecer uma incrível experiência sensorial ao beber um vinho.

O pequeno copo em formato de dedal, que por muito tempo fez parte da história de degustação do vinho do Porto, atualmente não é mais utilizado. Dentre todas as experiências vividas nas degustações de vinho do Porto, e que compõem esta obra, a bebida sempre foi servida na simpática taça apresentada na imagem ao lado. Trata-se de uma taça ISO utilizada por sommeliers de todo mundo em degustações acrescida da logomarca da adega. A taça correta é aquela que realça o vinho.

Temperatura para servir!

O VINHO DO PORTO DEVE SER SERVIDO GELADO OU RESFRIADO.

SERVIR RESFRIADO REALÇA OS AROMAS DO VINHO NÃO SOBRESSAINDO O ÁLCOOL.

ROSÉ: 4 °C
BRANCO: DE 6 °C A 10 °C
TAWNY: 10 °C A 14°C
RUBY: DE 12 °C A 16 °C

Encerramos o Capítulo 3
com uma receita!

Peras ao vinho do Porto

 4 peras

 1 garrafa de vinho do Porto Ruby

 1/2 xícara de açúcar

 2 paus de canela, 1 anis estrelado, 4 cravos

 Raspa de noz-moscada

 1 colher de chá de essência de baunilha

 Raspa de 1/2 laranja

 Raspa de 1/2 limão

 Pimenta preta acabada de moer

 1/2 colher de chá de sal

Modo de preparação

 *Junte todos os ingredientes, com exceção das peras, numa panela e deixe até levantar fervura. Fique atento para não queimar.*

 *Junte as peras e mantenha a fervura lenta durante cerca de 25 a 30 minutos. Gire as peras na fervura para que sejam cozidas uniformemente.*

 *Retire as peras, e reduza o molho. Cubra as peras com este molho. Sirva com sorvete de baunilha.*

4

Vinho do Porto Branco e Rosé

São categorias do Vinho do Porto Branco e Rosé:

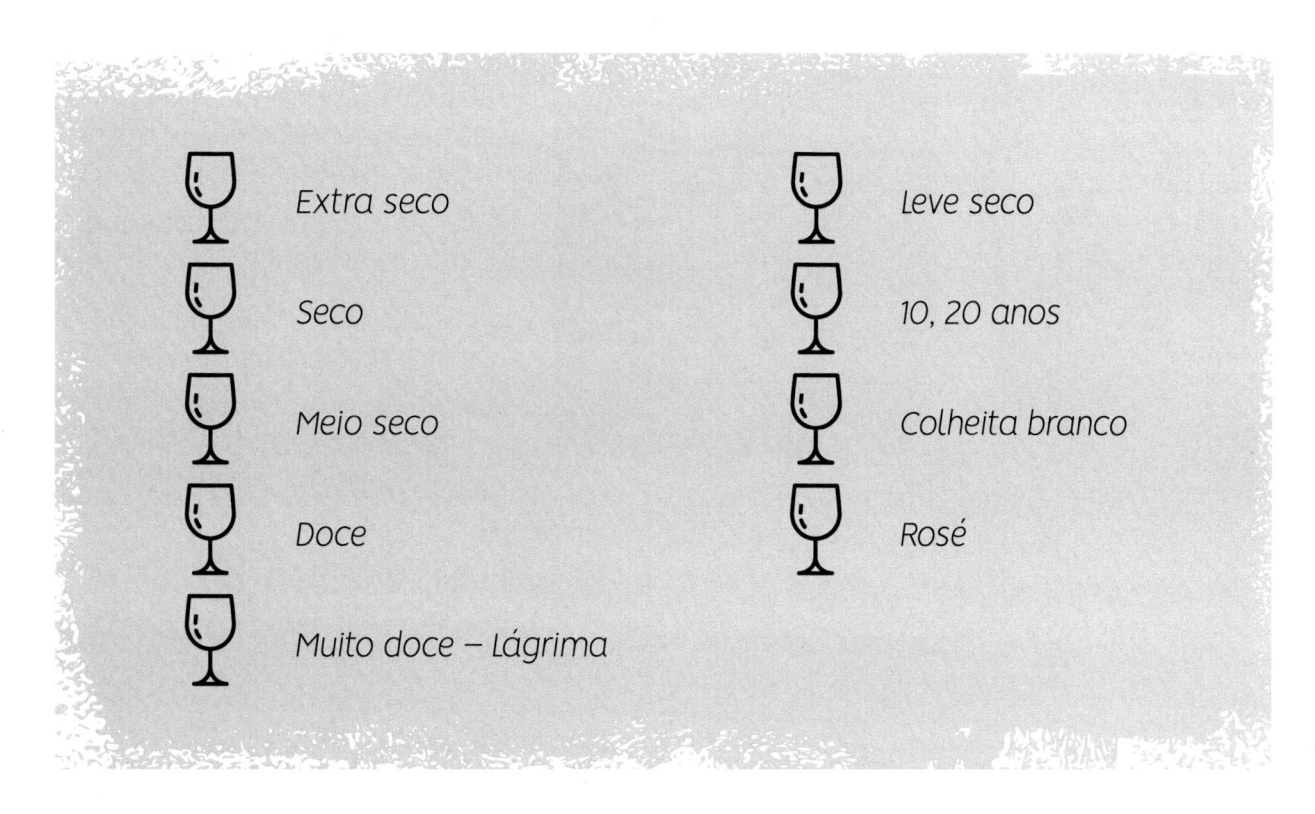

Extra seco

Seco

Meio seco

Doce

Muito doce – Lágrima

Leve seco

10, 20 anos

Colheita branco

Rosé

Sandeman (acervo próprio)

Porto Cruz (acervo próprio)

Vinho do Porto Branco

O Porto Branco é um tipo menos comum de Vinho do Porto que se diferencia dos Rubys e Tawnys por ser feito de uvas brancas.

Dentre suas categorias, o vinho do Porto Branco se diferencia de acordo com o grau de doçura e período de envelhecimento.

Os níveis de doçura dos vinho do Porto Branco são:

Doçura do Porto Branco (glucose e frutose)

Extra seco:
17,5 a 40 g/L

Seco:
40 a 65 g/L

Meio Seco:
65 a 85 g/L

Doce:
85 a 130 g/L

Lágrima:
>130 g/L

Quando for escolher seu vinho do Porto Branco saiba que o mais doce de todos é o Lágrima, em contrapartida, o menos adocicado é o extra seco também muito conhecido por Dry White.

Churchill's (acervo próprio)

Vinho do Porto Branco Leve Seco

 *É uma categoria de vinho do Porto Branco que, segundo o Instituto dos vinhos do Douro e Porto apresenta teor alcoólico mínimo de 16,5%.*

 *É um vinho do Porto de exceção já que pode apresentar graduação alcoólica inferior à faixa de 19 a 22% que é a característica do vinho do Porto, como mostrado no Capítulo 1.*

Colheita

 *Características organolépticas de elevada qualidade e proveniente de uma só vindima, com estágio em madeira durante um período mínimo de 7 anos após a vindima.*

Vinho do Porto Branco com menção de idade

 *Vinho do Porto de elevada qualidade, obtido por lotação de vinhos de diversos anos que estagiaram em madeira, tendo a média de idade inserida no rótulo.*

 *Para os Brancos normalmente 10 e 20 anos.*

Aromas do Porto Branco

Apresenta aromas florais e frutados, complexidade variada
e diferentes graus de doçura.

 Frutas tropicais frescas

 Banana

 Casca de laranja

 Frutas cristalizadas

 Flores como jasmim

 Mel

 Chá

Ribeira do Porto (acervo próprio)

Receita do cocktail Porto Tônica

O cocktail mais conhecido com vinho do Porto.

Ingredientes:

 1/3 dose vinho branco seco do Porto

 1/3 dose água tônica

 Limão em rodelas

 Gelo q.b.

Vinho do Porto Rosé

Segundo o IVDP apresenta aroma e sabor jovem e fresco, revelando-se macio e com persistência frutada.

Produzido a partir de uvas tintas do Douro possui um método de vinificação que extrai uma específica quantidade da cor a partir da casca da fruta sem extrair taninos adstringentes.

Croft (acervo próprio)

Croft (acervo próprio)

Em um mercado marcado pela tradição, o lançamento do vinho do Porto Rosé em 2008 pela tradicional marca Croft® mostrou que o setor pode também inovar com produtos contemporâneos podendo atingir um público mais jovem.

Foi a primeira Cave a desenvolver o vinho do Porto Rosé designado por "Pink", sendo até hoje a referência no seu estilo.

Possui vibrantes sabores de cereja, framboesa madura, tangerina num final seco e muito atrativo.

Nota: A marca Croft, fundada em 1588 é a empresa em atividade mais antiga do setor.

Receita de Spicy Pink

Atualmente algumas adegas de vinho do Porto incluíram aos seus espaços de visitação restaurantes e bares descolados, tendo alguns deles vistas incríveis para a ponte mais famosa e icônica da cidade do Porto. Uma atração a parte são os coquetéis com vinho do Porto que trazem leveza e descontração à uma bebida tão tradicional.

 120 ml de Porto Rosé

 1/4 de laranja

 1 ramo de hortelã

 1 pimenta malagueta

Preparo:

Num copo, espremer 1/4 de laranja e preencher com cubos de gelo. Colocar a pimenta malagueta e depois juntar com o Porto Rosé. Mexer tudo, decorar com a hortelã e 1/4 da laranja (sem espremer).

Espaço Porto Cruz (acervo próprio)

Vinho do Porto e Comida

Quanto à combinação vinho do Porto e comida há de citar os molhos à base de vinho do Porto. Esses molhos normalmente de sabor adocicado acompanham perfeitamente carnes conferindo sabor e sofisticação aos pratos. Para acompanhar, rosbife e outros pratos de carne casam com Porto Late Bottled Vintage (LBV) e Vintage.

Saladas, sopas cremosas e peixes gordos como o salmão combinam com o Porto Branco servido gelado.

Queijos são grandes companheiros dos vinhos do Porto. O Tawny faz boa companhia aos queijos curados ricos em sabor e intensos. Outra sugestão junto aos Tawnys são os patês de pato. LBV e Vintage conduzem à harmonia com queijos azuis.

O vinho do Porto sozinho é uma bebida que pode ser consumida como sobremesa. Pode também acompanhar chocolates e outros doces servidos após a refeição. Pudins e doces com ovos, torta com amêndoas combinam com Tawny 10 ou 20 anos. Mousse de chocolate e cheesecake de frutos vermelhos pedem um LBV ou Vintage.

Porto Cruz e Cockburn's (acervo próprio)

Lembre-se: não há regra! Combinar comida e vinho do Porto é de fato bastante pessoal e inúmeras possibilidades podem se abrir quando se está disposto a degustar. Uma curiosidade nas famílias portuguesas é regar a salada de frutas com Porto.

Cockburn's (acervo próprio)

A arte da tanoaria

Profissionais raros atualmente, os tanoeiros são artistas que trabalham a madeira para manutenção das barricas e balseiros que envelhecem o vinho do Porto nas adegas.

A manutenção é realizada manualmente de forma artesanal na madeira carvalho. Como se trata de conservar em uso os recipientes para o vinho toda a madeira é avinhada resultando em menor interferência na característica final do vinho.

Infrequente nas adegas a Cockburn's localizada em Vila Nova de Gaia, Portugal, é a única que mantém equipe própria de tanoeiros. Atualmente, apesar de importante, são poucos os interessados em trabalhar nesta função.

Para garantia da qualidade do vinho do Porto desde 1996 não é mais permitido exportar o produto em recipientes de madeira.

5

Vinho da Madeira

O icônico vinho produzido na Ilha da Madeira

Quem ele é?

 Madeira é um vinho fortificado produzido na montanhosa ilha atlântica com o mesmo nome: Ilha da Madeira.

 O processo de fortificação consiste em parar a fermentação com a adição de álcool vínico.

 É um vinho com teor alcoólico entre 17 e 22%.

 Um vinho único no mundo. Tem acidez marcante e muito frescor típico pelos seus aromas de envelhecimento sendo o casamento entre sol e alta temperatura da região e oxidação lenta em barricas de madeira.

Principais castas

 Brancas mais comuns: Malvasia, Bual, Verdelho, Sercial.

 Branca mais rara: Terrantez

 Tinta: Tinta Negra

O que define um vinho da Madeira

Os vinhos da Madeira variam do mais ao menos doce e isto é definido pelo tipo da uva branca usada em seu processo de produção.

 Vinho da Madeira Sercial: a uva tem bagos adstringentes e produz vinho extraordinariamente secos.

 Vinho da Madeira Verdelho: vinho meio seco. Grau de doçura entre o Sercial e o Bual. A verdelho tem cerca de 47 hectares plantados na ilha.

 Vinho da Madeira Bual: meio doce, elegante e frutado. A presença da uva Bual na ilha ronda os 20 hectares.

 Vinho da Madeira Malvasia: doce e frutado. A uva Malvasia é um nome genérico dado a um conjunto de variedades distintas de uvas capazes de produzir vinhos doces e com elevado teor alcoolico.

Os quadros seguintes presentes na vinícola Blandy's mostram um breve resumo sobre os vinhos.

Vinho da Madeira

Cada uva traz características distintas ao vinho sendo então indicado especificamente para cada ocasião: abrir apetite, acompanhando sopas, sobremesas, queijos e até mesmo um café.

Blandy's (acervo próprio)

Blandy's (acervo próprio)

A *Terrantez* é uma antiga variedade de uva que, em tempos, teve grande difusão na Madeira, mas que quase desapareceu por não ter ocorrido o replantio após sua destruição com as pestes do século XIX como o oídio e posteriormente a filoxera.

Estas uvas são doces e perfumadas, produzindo vinhos inicialmente adstringentes que envelhecem bem, dando origem a um meio seco equilibrado e encorpado.

Atualmente em cerca de 4 hectares plantados na ilha.

Vinho da Madeira produzido com a casta tinta negra

Alguns produtores fazem seus vinhos a partir da casta tinta negra variando o nível de doçura do seco ao doce.

Neste tipo de produção o nível de doçura não se relaciona ao tipo de casta mas ao momento em que a fermentação é interrompida com aguardente vínica. Quanto mais cedo, mais doce. Este processo também interfere nas cores e aromas deste vinho.

A tinta negra, também chamada de tinta negra mole, em detrimento às uvas brancas é dominante na Ilha da Madeira, representando entre 80 e 85% de todo vinho produzido.

Henriques & Henriques (acervo próprio)

Blandy's (acervo próprio)

Cores e aromas

Cores: muito pálido, pálido, dourado, meio escuro e escuro. Palidez e cor palha indicam juventude. Já profundidade e a cor âmbar mostram a influência da madeira.

Em resumo, pode-se dizer que os vinhos da Madeira ostentam extraordinárias e atraentes cores, nas suas diferentes fases de evolução, cores que vão do âmbar, passando pelo castanho, cor de café com reflexos de verde-esmeralda.

No buquê do vinho da Madeira compostos aromáticos de casca de laranja, café, tabaco, coco, açúcar queimado, mel, noz moscada.

Produção das uvas

Ao percorrer a ilha da Madeira nota-se por todos os lados a plantação de uvas.

A ilha faz o vinho em suas encostas abruptas, moldadas pelas mãos dos homens em socalcos (degraus). A paisagem vitícola, profundamente enraizada na ilha, tem origem na construção de socalcos sustentados por paredes de pedra. Estes socalcos lembram escadarias que vão do mar à serra, como se fossem jardins embutidos na paisagem.

O mais tradicional na ilha é a condução da vinhas horizontalmente sobre arames, designado de latada, conforme imagem ao lado. Contudo, vê-se também o cultivo em espaldar.

As vinhas produzidas em pequenos socalcos praticamente inviabilizam a mecanização e necessita-se de mão de obra para plantio e vindima.

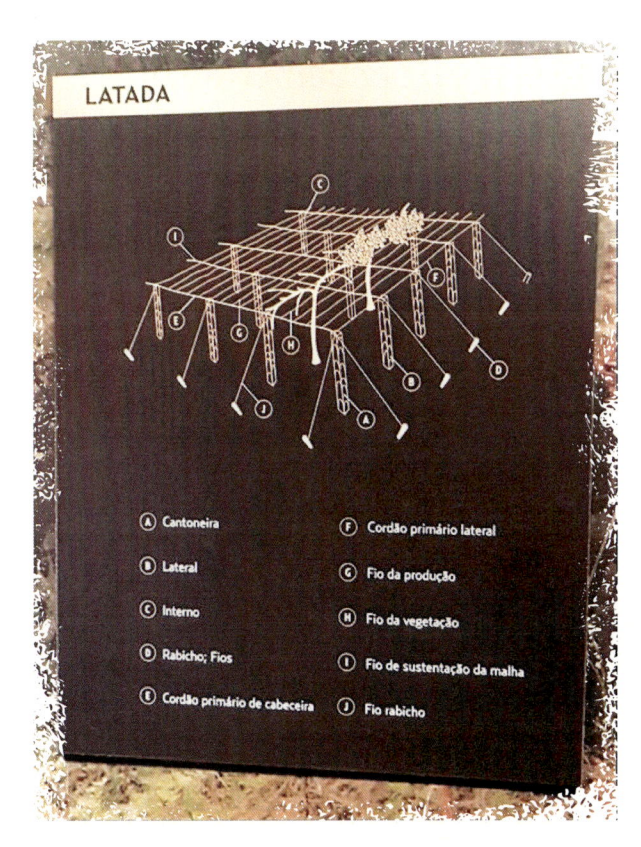

Blandy's (acervo próprio)

Processos de envelhecimento

CANTEIRO

Blandy's (acervo próprio)

Os vinhos são envelhecidos em barricas, normalmente nos pisos mais elevados dos armazéns onde se tem temperatura mais elevada, pelo período mínimo de 2 anos. Os vinhos de canteiro só poderão ser comercializados decorridos pelo menos 3 anos, contados a partir de 1 de Janeiro do ano seguinte ao da vindima. Nas visitas realizadas foi visto o processo de canteiro, conforme imagens.

ESTUFAGEM

Henriques e Henriques (acervo próprio)

O vinho é colocado em cubas de aço inox, aquecidas por um sistema de serpentina, por onde circula água quente, por um período nunca inferior a 3 meses, a uma temperatura entre 45 e 50 graus Celsius. Posteriormente permanece por 90 dias à temperatura ambiente e a partir daí pode permanecer em inox ou ser inserido em barricas de madeira.

Designações do vinho da Madeira

 LOTE: vinhos sem indicação de idade (enve-lhecimento mínimo de 3 anos) ou com indi-cação de idade sendo 5, 10, 20, 30 ou mais.

 COLHEITA: vinhos que devem indicar o ano de colheita com envelhecimento mínimo de 5 anos em madeira.

 FRASQUEIRA OU GARRAFEIRA: vinhos que indiquem o ano de colheita e casta, pro-duzidos pelo processo de canteiro e enve-lhecimento mínimo de 20 anos em madeira.

Blandy's (acervo próprio)

Frases sobre vinho

Meu Deus, que terra é esta que até as pedras dão vinho.
Palavras de Miguel Torga sobre o Douro

Agora que a velhice começa preciso aprender com o vinho a melhorar envelhecendo, e sobretudo, escapar do perigo terrível de envelhecendo virar vinagre.
Don Helder Câmara – Frase estampada na vinícola Ravanello

Bendita seja a mão que colhe a uva.
Frase estampada na vinícola Villa Francioni

Por mais raro que seja, só um vinho é deveras excelente. Aquele que tu bebes, docemente, com teu mais velho e silencioso amigo.
Mario Quintana

Beba vinho para o espírito, beba vinho para a boa digestão, beba vinho na festa, beba vinho na solidão, beba vinho por cultura, beba vinho por educação, beba vinho porque... Enfim, encontrarás uma razão.
Luis Fernando Verissimo

Embriaga-me por favor de vinho, músicas e amor.
@vinhosecaminhos

O que é bonito neste mundo, e anima, é ver que na vindima de cada sonho fica a cepa a sonhar outra aventura. E que a doçura que não se prova se transfigura noutra doçura muito mais pura e muito mais nova.
Miguel Torga

O melhor vinho não é necessariamente o mais caro, mas o que nós compartilhamos.
Autor desconhecido

O prazer é muito maior quando você entende o que esta na taça.
Divulgacao @eno_cultura

Audição... espocar da rolha. O glou-glou do derramar do líquido e o tchim-tchim de nosso brinde.
Juarez Machado

A qualidade do vinho – essa é a questão determinante.
Frase estampada na Cave Cockburn's

Make a taste like a detective and argue like a lawyer.
Enólogo Antonio Maçanita sobre degustação de vinhos

Quanto for abrir uma garrafa de vinho, lembre-se dos esforços e lágrimas que podem conter ali...
Vinícola Leone di Venezia, Santa Catarina, Brasil

As uvas Terrantez, não as coma nem as dês, para vinho Deus as fez.
Exposta no museu da Blandy's – Madeira, Portugal

O bom vinho é um camarada bondoso e de confiança, quando tomado com sabedoria.
Shakespeare

Vivemos aos encontros do abandono. Sem verdade, sem dúvida nem dono. Boa é a vida, mas melhor é o vinho. O amor é bom, mas é melhor o sono.
Fernando Pessoa

Apesar do vinho do Porto poder ser um vinho para uma cerimônia, não faça cerimônia. Beba, com moderação, sempre que lhe apetecer.
IVDP

Referências

Este livro é baseado na experiência adquirida em todas as visitas realizadas em território português nas adegas de vinho do Porto e Ilha da Madeira.

Algumas informações complementares foram obtidas no site do Instituto dos Vinhos do Douro e Porto: https://www.ivdp.pt.